Mantenerse feliz

por Patricia J. Murphy

Consultoras para la serie: la Dra. Sonja Green, médica, y
la Dra. Ann Nolte, distinguida profesora emérita,
Departamento de Ciencias de la Salud, Universidad Estatal de Illinois

ediciones Lerner • Minneapolis

A mi pequeña familia felíz–con amor, PJM

La autora agradece por su ayuda a Dan Baker, PhD; Edward M. Hallowell, médico; Robert Schwebel, PhD; y a Catherine "Kitty" Creswell–tanto como a todas las personas felices a quienes ella conoció en el curso de escribir este libro. ¡Opten por la felicidad!

Traducción al español por Julia Cisneros Fitzpatrick y Bárbara L. Aguirre

ediciones Lerner
Una división de Lerner Publishing Group
241 First Avenue North
Minneapolis, MN 55401 EUA

Dirección de Internet: www.lernerbooks.com

Las palabras en **negrita** se explican en un glosario en la página 31.

Library of Congress Cataloging-in-Publication Data

Murphy, Patricia J., 1963–
        [Staying happy. Spanish]
        Mantenerse feliz / por Patricia J. Murphy.
            p. cm. – (Libros para avanzar)
        ISBN-13: 978-0-8225-3170-8 (lib. bdg. : alk. paper)
        ISBN-10: 0-8225-3170-4 (lib. bdg. : alk. paper)
        1. Happiness–Juvenile literature. I. Title. II. Series.
    BF575.H27M8718 2006
    152.4'2–dc22   2005015732

Fabricado en los Estados Unidos de América
1 2 3 4 5 6 – JR – 11 10 09 08 07 06

Juana se sonríe. Le brillan los ojos.
Ella está cantando y bailando. Se
siente feliz.

La felicidad le hace a uno sentirse bien y **tranquilo.** Sentirse feliz mejora la vida de uno.

¿Qué es lo
que te hace
sentir feliz?

No hay nadie que se sienta feliz siempre.
A veces uno tiene miedo, o se siente triste
o solo. A veces uno está preocupado.

A veces uno siente **estrés.** ¿Cómo te hace sentir el estrés?

El estrés puede hacerte sentir **ansioso,** como si estuvieras bajo **presión.** Puede causarte dolores de estómago o de cabeza. El estrés puede quitarte el sueño.

Pero a veces el estrés puede ser bueno. Te ayuda a esforzarte más en la escuela o aprender una nueva habilidad.

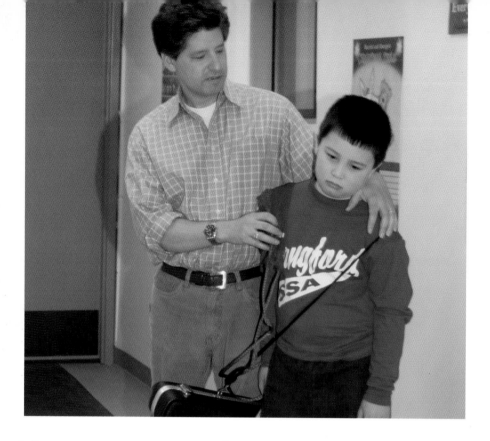

Vicente está ocupado con sus estudios y quehaceres, el fútbol y el violín, y los Niños Exploradores (*Scouts*). Nunca tiene tiempo para **relajarse.** Vicente siente estrés.

Vicente habla con su papá. Vicente
quisiera tener más tiempo libre para sí
mismo. Decide dejar el fútbol por un
tiempo.

Más bien, Vicente se pone a dibujar. El dibujo le brinda momentos tranquilos. ¿Qué haces tú cuando te sientes estresado?

Hablar con alguien puede ayudarte. Te permite descubrir lo que te causa estrés. Entonces puedes ver qué hacer para sentirte mejor.

Isabelita tiene dificultad con la lectura.
Parece que sus compañeros de escuela
leen mejor.

Isabelita siente estrés cuando lee en clase. El corazón le late rápido y las manos le sudan. Se siente como si fuera a llorar.

Isabelita habla con su mamá. Isabelita le pide a la maestra más ayuda con la lectura.

Isabelita **practica** en casa. Se empieza a sentir mejor. ¿Qué haces tú cuando tienes dificultades con los estudios?

Rosa, una amiga de Lilia, va a hacer una fiesta. Rosa no invitó a Lilia. Lilia se siente sola. Teme no tener amigas.

Lilia habla con su abuela. Lilia misma decide organizar una fiesta. Invita a su abuela y a su muñeca, Betina.

Lilia hizo algo para sentirse mejor.

¿Qué es lo que haces tú cuando te sientes sola o solo, o tienes miedo?

Todos vivimos momentos de preocupación, tristeza o soledad. Pero hay cosas que podemos hacer para sentirnos felices de nuevo.

Podemos compartir nuestros sentimientos con alguien de confianza. Podemos pensar en algo que nos pueda ayudar a sentirnos mejor.

Haz las cosas que te encantan hacer.
¡Ríe y diviértete!

Pero no trates de hacer demasiado. Hacer demasiado puede causarte más estrés.

Trata de comer bien y de hacer **ejercicio.**
También debes descansar bastante.
Estar **saludable** te pone feliz.

Sentirse feliz mejora la vida de uno.
¡Y está en tus manos sentirte feliz!

Aprende a relajarte

Aprender a relajarte ayuda a tu cuerpo a defenderse del estrés. Busca un lugar tranquilo y trata de hacer una de las siguientes cosas:

■ Practica respirar profundo. Respira profundo para adentro. No aflojes el estómago mientras respiras para adentro. Luego deja salir el aire lentamente y afloja el estómago mientras respiras para afuera. Hazlo otra vez. Respirar profundo le ayuda a tu cuerpo a relajarse.

■ Cierra los ojos e imagínate un lugar tranquilo. ¿Dónde estás? ¿Qué haces? ¿Cómo te sientes? Abre los ojos cuando te sientas relajado.

■ Haz ejercicio todos los días. Mantenerte en movimiento ayuda a tu cuerpo a defenderse del estrés.

■ Tómate una siesta. Échate a dormir una siestecita de 15 minutos cuando lo necesites. Eso te dará energía.

■ Deja que los músculos se aflojen. Acuéstate. Pon tensa la cara, luego aflójala. Pon tensa cada parte de tu cuerpo, como si cerraras el puño. Luego afloja. Trata de hacer esto con cada parte de tu cuerpo, una por una. Empieza con la cabeza, sigue con el cuello, los hombros, los brazos, el torso, y las piernas. Termina con los dedos de los pies.

Las cinco maneras más eficaces para compartir los sentimientos

Es saludable compartir los sentimientos.

1. Habla con alguien de confianza.

2. Haz un diario de tus sentimientos.

3. Escribe un poema.

4. Pinta un cuadro.

5. Ponte a bailar.

Libros y sitios web

Libros

Anholt, Catherine. *What Makes Me Happy?* Cambridge, MA: Candlewick Press, 1995.

Ayer, Eleanor H. *Everything You Need to Know about Stress.* Nueva York: Rosen Publishing Group, 2001.

Evans, Lezlie. *Sometimes I Feel Like a Storm Cloud.* Nueva York: Mondo, 1998.

Vail, Rachel. *Sometimes I'm Bombaloo.* Nueva York: Scholastic Press, 2002.

Sitios web

Bam! Body and Mind: Centers for Disease Control and Prevention
http://www.bam.gov

Kidshealth
http://www.kidshealth.org/kid/feeling/

Glosario

ansioso: sentirse preocupado o inquieto por algo

ejercicio: moverse para mantener la salud

estrés: una sensación de estar bajo tensión o presionado

practica: hace algo una y otra vez para hacerlo cada vez mejor

presión: la sensación de que te exigen hacer algo

relajarse: aflojarse o estar tranquilo

saludable: estar sano o en buen estado físico, o algo que te hace estar sano o en buen estado físico

tranquilo: calmado, quieto, relajado

Índice